Geração Ciborgue

O Guia Prático Definitivo para Expandir Suas Capacidades com a Inteligência Artificial

ÍNDICE

Introdução: Evolução de um Ciborgue

Capítulo 1: Dominando a IA para Transformação Pessoal

1. **Aprendizado Acelerado**: Como usar IA para aprender novas habilidades rapidamente.
2. **Carreira e Crescimento Pessoal**: Utilizando algoritmos de IA para traçar e alcançar metas de carreira.
3. **Automatização de Tarefas Rotineiras**: Ferramentas que liberam tempo para criatividade e desenvolvimento pessoal.
4. **Ferramentas Essenciais para a Transformação**: As tecnologias indispensáveis para começar sua jornada ciborgue.

Capítulo 2: IA no Empreendedorismo

1. **Lançamento de Startups com IA**: Utilizando ferramentas de IA para identificar oportunidades de mercado e desenvolver produtos.
2. **A Internet como Extensor da Mente**: Explorando como a conectividade global aumenta nosso acesso à informação e conhecimento.
3. **Estratégias de Growth Hacking**: Exemplos práticos de como a IA pode impulsionar o crescimento rápido e eficiente.
4. **Gerenciamento e Automação**: Ferramentas de IA para gerenciar operações do dia a dia e escalar negócios.

Capítulo 3: Marketing e Comunicação Disruptivos

1. **Campanhas de Marketing Dirigidas por IA**: Criando campanhas que aprendem e se adaptam automaticamente.
2. **Conteúdo Personalizado em Escala**: Uso de IA para criar conteúdo altamente personalizado para diferentes audiências.
3. **Análise Preditiva**: Como usar IA para prever tendências e comportamentos do consumidor.

Capítulo 4: Reinventando a Educação e o Aprendizado

1. **Plataformas de Educação Assistidas por IA**: Transformando o modo como aprendemos com tecnologias adaptativas.
2. **Ferramentas de Tutoria e Mentoria por IA**: Acesso a orientação personalizada e suporte constante.
3. **Certificações e Cursos Online**: Como maximizar os benefícios dos recursos educacionais disponíveis.

Capítulo 5: Tecnologia e Saúde: Uma Dupla Dinâmica

1. **Saúde Monitorada por IA**: Aplicações práticas de IA para monitorar e melhorar a saúde.
2. **Bem-estar e Fitness com Auxílio de IA**: Ferramentas que personalizam rotinas de saúde e fitness.
3. **IA na Medicina Preventiva**: Usando tecnologia para prever e prevenir condições médicas antes que elas se manifestem.

Capítulo 6: Futuro e Ética da IA

1. **Explorando o Futuro da IA**: O que esperar da evolução das tecnologias de inteligência artificial.
2. **Desafios e Oportunidades**: Avaliando as implicações a longo prazo da integração da IA em nossa vida.
3. **Histórias de Pioneirismo Tecnológico**: Indivíduos que estão na vanguarda da era ciborgue.
4. **Um Apelo à Ação**: Domine a Tecnologia para Moldar Seu

Futuro.

Aviso Legal: Responsabilidade sobre o Uso das Ferramentas de IA

As ferramentas e informações apresentadas neste livro são de **caráter educacional e informativo**, destinadas a ampliar seu conhecimento sobre o uso da inteligência artificial e tecnologias associadas. **Não incentivo** nem apoio o uso ilegal ou antiético de qualquer tecnologia descrita aqui.

O uso de ferramentas, como aquelas que envolvem **scraping de dados**, automação avançada, ou qualquer outro processo que possa violar termos de serviço ou leis locais e internacionais, **é de total responsabilidade do leitor**. O objetivo deste conteúdo é explorar o potencial das tecnologias, e qualquer uso inadequado que resulte em violação de leis, regras de privacidade ou de propriedade intelectual será de **responsabilidade exclusiva de quem executar tais ações**.

Você deve estar ciente de que certas práticas, como o uso de scraping para extrair dados de sites sem autorização, podem infringir a **Lei Geral de Proteção de Dados (LGPD)** no Brasil ou o **Regulamento Geral de Proteção de Dados (GDPR)** na Europa, assim como outras legislações relacionadas à privacidade e proteção de dados. Além disso, violações de termos de uso de sites podem resultar em ações legais contra o usuário.

Eu, como autor, não me responsabilizo por qualquer ação tomada com base nas informações contidas neste livro. Cada leitor deve compreender e seguir as leis locais e internacionais pertinentes, assim como os termos e políticas das plataformas e ferramentas utilizadas.

Este **aviso legal** segue princípios amplamente aceitos de **responsabilidade civil** e de **exclusão de responsabilidade**, que estipulam que o autor de um conteúdo não pode ser responsabilizado por ações ilegais de terceiros, desde que as informações tenham sido apresentadas de forma clara e transparente. **Não assumo qualquer responsabilidade por danos, sanções legais ou prejuízos** que possam resultar do uso impróprio ou ilegal das ferramentas aqui descritas.

Se você tiver dúvidas sobre a legalidade ou ética de qualquer ação mencionada, **recomendo fortemente a consulta a um advogado especializado** em direito digital ou proteção de dados antes de realizar qualquer prática descrita neste livro.

O uso responsável das tecnologias é fundamental. As ferramentas discutidas aqui têm o poder de transformar sua vida e sua carreira, mas devem ser usadas com sabedoria e dentro dos limites da lei. **A responsabilidade por qualquer ação ou consequência decorrente do uso das ferramentas apresentadas recai inteiramente sobre o leitor.**

Introdução: A Evolução do Ciborgue Moderno

Nascido em 1988, vivi na fronteira entre dois mundos: o analógico e o digital. Meus primeiros passos na música foram ao ritmo das fitas cassetes, e meu companheiro constante era um walkman que me permitia levar minhas canções favoritas para qualquer lugar. Lembro-me dos orelhões, esses gigantes de concreto e metal, guardiões de conversas públicas, onde cada ligação exigia uma pequena jornada e um punhado de moedas. Era uma época em que a espera fazia parte da conversa, em que o silêncio tinha seu espaço entre as palavras transmitidas por cabos e ondas.

Então veio a revolução. O celular, antes um luxo de magnatas, tornou-se um portal pessoal para um mundo sem fios e sem limites. Lembro-me vividamente da primeira vez que meu pai, em seu carro, fez uma chamada para um amigo. "Estou falando do meu próprio carro," ele anunciou, maravilhado com o milagre da comunicação móvel. Naquele momento, algo mudou profundamente, não apenas na tecnologia que usávamos, mas na própria textura da vida cotidiana.

Hoje, três décadas depois, a evolução tecnológica acelerou a um ritmo que teria parecido pura fantasia naquela época. As ferramentas de inteligência artificial, que um escritor do século XVI teria descrito como bruxaria, são agora ferramentas comuns em meu ofício. A escrita, outrora um processo de contemplação e isolamento, transformou-se em uma dinâmica colaborativa entre humano e máquina. Onde antes eu teria gasto meses aprendendo uma nova linguagem de programação, agora posso dominá-la em minutos. Onde antes eu poderia ter dito "não sei", agora posso encontrar respostas com alguns cliques ou comandos de voz.

Esta é a geração ciborgue: uma era onde os seres humanos se fundem com suas ferramentas, expandindo não apenas nossas capacidades físicas, mas também nossas fronteiras mentais e emocionais. Neste livro, não explorarei apenas como a tecnologia pode ser usada, mas como ela já se tornou uma extensão de nós mesmos. Aqui, desdobrarei como, armados com inteligência artificial, podemos reinventar nossas carreiras, criar empresas do nada, e dirigir campanhas de marketing que nos catapulta ao sucesso. Vou mostrar como podemos usar a IA para hackear o crescimento pessoal e profissional, transformando cada leitor em uma força a ser reconhecida na nova economia digital.

Não pretendo apenas informar, mas sim inspirar. Não apenas ensinar, mas empoderar. Estamos na oportunidade do século, e cada página deste livro é um convite para você se juntar a mim nesta jornada épica de transformação. Aqui, no limiar da maior revolução da humanidade, convido você a dar o próximo passo. Torne-se mais do que humano. Torne-se um ciborgue.

Capítulo 1: Dominando a IA para Transformação Pessoal

Tópico 1: Aprendizado Acelerado: Como usar IA para aprender novas habilidades rapidamente

Na era digital, a capacidade de aprender rapidamente novas habilidades é mais do que uma vantagem; é uma necessidade. Com a evolução constante das tecnologias e a mudança rápida das demandas do mercado, a habilidade de adaptar-se rapidamente é crucial. Felizmente, a inteligência artificial (IA) surgiu como uma ferramenta poderosa para acelerar esse aprendizado, transformando a forma como adquirimos conhecimento e habilidades.

1. Personalização do Aprendizado

A IA pode personalizar o processo de aprendizagem para se adaptar ao estilo e ao ritmo de cada indivíduo. Plataformas de aprendizado baseadas em IA, como Coursera, Udemy, e Khan Academy, utilizam algoritmos para analisar o desempenho do usuário em tempo real, ajustando o material didático para abordar áreas de dificuldade e reforçar os pontos fortes. Isso significa que se você está lutando com um conceito específico, a plataforma pode automaticamente oferecer recursos adicionais, como tutoriais em vídeo, exercícios práticos ou capítulos de livros, para ajudar a esclarecer e solidificar esse conhecimento.

2. Aceleração através de Tutoriais Inteligentes

As ferramentas de IA não se limitam a adaptar recursos existentes; elas também podem criar novos conteúdos adaptados às suas necessidades. Imagine uma ferramenta de IA que possa gerar tutoriais codificados sob medida para os problemas específicos que você enfrenta em seu projeto de programação ou que possa oferecer explicações passo a passo em áreas onde você está tendo dificuldades. Esses tutoriais inteligentes reduzem significativamente o tempo que você gastaria procurando ajuda ou filtrando informações irrelevantes.

3. Simulação e Prática Virtual

Um dos maiores desafios no aprendizado de novas habilidades, especialmente aquelas que são complexas ou tecnicamente exigentes, é a falta de oportunidade para praticar em ambientes de baixo risco. Aqui, a IA oferece uma solução valiosa através de ambientes de simulação. Por exemplo, plataformas como a Codecademy utilizam ambientes de codificação suportados por IA para permitir que os usuários pratiquem suas habilidades de programação em tempo real, recebendo feedback instantâneo e orientação adaptativa. Esses ambientes simulados podem replicar cenários do mundo real, desde a pilotagem de drones até cirurgias médicas, proporcionando uma arena de prática inestimável onde os aprendizes podem iterar e melhorar rapidamente.

4. Feedback Instantâneo e Correção

O feedback é um componente crucial no aprendizado eficaz. Com a IA, o feedback pode ser instantâneo e preciso. Em vez de esperar dias ou semanas por uma avaliação em um curso tradicional, a IA pode analisar seu trabalho, seja um ensaio escrito ou um projeto de software, e fornecer correções e sugestões em segundos. Isso não apenas acelera o processo de aprendizagem, mas também torna-o mais interativo e adaptativo às suas necessidades de aprendizado imediatas.

5. Integração com Dispositivos Conectados

Finalmente, a IA não está confinada a desktops e laptops. Ela se estende a smartphones, tablets, e até wearables, permitindo que o aprendizado aconteça em movimento. Apps como Duolingo usam IA para ajudar os usuários a aprender novos idiomas durante o trajeto para o trabalho ou enquanto fazem exercícios, integrando o aprendizado na rotina diária de maneiras que eram impossíveis antes.

Em resumo, a inteligência artificial está redefinindo as fronteiras do possível no aprendizado acelerado. Ao personalizar a educação, oferecer prática virtual, fornecer feedback instantâneo e integrar-se a todos os aspectos de nossas vidas diárias, a IA não é apenas uma ferramenta de aprendizado; ela é um multiplicador de forças que pode transformar qualquer pessoa em um aprendiz rápido e eficaz, perfeitamente equipado para prosperar na economia digital acelerada de hoje.

Tópico 2: Carreira e Crescimento Pessoal: Utilizando Algoritmos de IA para Traçar e Alcançar Metas de Carreira

Em um mundo onde o ritmo da mudança é vertiginoso e a competição no mercado de trabalho é mais feroz do que nunca, estabelecer e alcançar metas de carreira pode parecer uma batalha constante contra o desconhecido. No entanto, a inteligência artificial (IA) emergiu como um poderoso aliado nesta luta, um farol de luz capaz de guiar profissionais através das águas turbulentas da incerteza rumo a um futuro brilhante e promissor.

1. Descobrindo Potenciais Caminhos de Carreira com IA

Imagine um mundo onde cada decisão de carreira, cada movimento estratégico que você faz é informado não pelo acaso ou mera intuição, mas por uma análise poderosa baseada em dados vastos e complexos que apenas a IA pode processar. Algoritmos de IA, hoje, são capazes de analisar o mercado de trabalho com uma precisão inédita, identificando tendências emergentes, demandas de habilidades e oportunidades de crescimento. Eles podem orientar profissionais em cada etapa de suas carreiras, sugerindo cursos, certificações e experiências que não apenas aumentam suas habilidades mas também alinham perfeitamente com as demandas futuras do mercado.

2. Personalização do Desenvolvimento de Carreira

Os algoritmos de IA estão revolucionando a personalização do desenvolvimento de carreira, transformando cada jornada profissional em uma obra-prima única, esculpida com o cinzel da tecnologia de ponta. Ao integrar dados de performance profissional, feedback contínuo e aspirações pessoais, esses sistemas inteligentes criam planos de desenvolvimento de carreira que são tão únicos quanto as impressões digitais. Eles reconhecem suas forças, apontam suas áreas de melhoria e oferecem recursos personalizados para garantir que você esteja sempre um passo à frente, sempre preparado para o próximo desafio.

3. Monitoramento e Adaptação em Tempo Real

Num mundo ideal, cada passo que damos em direção ao futuro é calculado e seguro. Com a IA, esse mundo é uma realidade palpável. Sistemas avançados de monitoramento de carreira movidos a IA acompanham seu progresso em tempo real, ajustando suas metas e estratégias conforme você evolui. Eles respondem dinamicamente às mudanças no ambiente de trabalho, sugerindo novas direções quando caminhos antigos se fecham e oportunidades inesperadas surgem. Este é o poder do aprendizado de máquina aplicado ao crescimento pessoal: um sistema que aprende com você e para você, garantindo que cada escolha profissional seja informada, estratégica e, acima de tudo, eficaz.

4. A IA Como Seu Coach de Carreira Pessoal

Além de ser um navegador, a IA pode ser um mentor. Plataformas equipadas com inteligência artificial oferecem coaching de carreira 24/7, disponibilizando conselhos e suporte sempre que você precisar. Elas podem simular entrevistas, ajudar na preparação de apresentações, e até aconselhar sobre negociações de salário, tudo com base em análises de dados extensivos que nenhum humano poderia esperar igualar. Imagine ter um mentor que compreende as complexidades do mercado global, que adapta suas recomendações às tendências do momento e que está sempre disponível, dia ou noite.

5. Alcançando o Crescimento Exponencial

Com a IA, o crescimento pessoal e profissional não é linear; é exponencial. À medida que os algoritmos aprendem mais sobre você e o mundo ao seu redor, eles se tornam mais aptos a prever o caminho mais eficiente e eficaz para o sucesso. Este é o auge do desenvolvimento de carreira personalizado: um processo que se acelera com o tempo, maximizando seu potencial em cada passo do caminho.

Portanto, enquanto avançamos nesta era digital, deixamos para trás a incerteza e a insegurança que muitas vezes acompanham as decisões de carreira. Com a IA, somos capacitados, informados e prontos para não apenas responder ao futuro, mas para moldá-lo. Embarque nesta jornada de transformação de carreira com a IA como seu guia, e descubra um mundo de possibilidades que espera por sua conquista.

Tópico 3: Automatização de Tarefas Rotineiras: Ferramentas que Liberam Tempo para Criatividade e Desenvolvimento Pessoal

Em um mundo acelerado onde o tempo é o recurso mais valioso, a busca por eficiência tornou-se uma questão de sobrevivência profissional e pessoal. A automatização, equipada pelo poder transformador da inteligência artificial (IA), emerge como uma chave mestra que desbloqueia um novo reino de possibilidades, liberando-nos das amarras das tarefas mundanas e rotineiras para mergulharmos profundamente nos oceanos da criatividade e do desenvolvimento pessoal.

1. A Libertação da Carga Mental

Cada dia, somos bombardeados com inúmeras tarefas que consomem nosso tempo e energia, muitas das quais são repetitivas e mecânicas. Desde responder e-mails até agendar reuniões, essas atividades, embora necessárias, oferecem pouco em termos de crescimento pessoal ou profissional. Aqui entra a IA: ferramentas de automatização inteligentes assumem essas responsabilidades com uma eficiência surpreendente, processando dados, executando comandos e organizando nossas vidas digitais com precisão e sem erros. Softwares como o Zapier, o Asana e o Airtable, por exemplo, sincronizam fluxos de trabalho e integram aplicações de maneira que tarefas como a entrada de dados se tornam automatizadas, permitindo que os humanos se concentrem em tarefas que requerem um pensamento mais complexo e criativo.

2. O Despertar da Criatividade

Com o fardo das tarefas rotineiras removido pelos avanços da IA, um espaço se abre – um espaço onde a mente pode vagar, explorar e criar. Este é o terreno fértil para a inovação. Em um ambiente desobstruído pelas demandas triviais do dia a dia, a criatividade floresce. Designers, escritores, artistas e muitos outros profissionais criativos já estão experienciando esta liberdade, utilizando ferramentas como o Adobe Sensei que automatizam aspectos tediosos do trabalho criativo, como ajustes de cor e corte de imagem, impulsionando assim a produtividade e permitindo que esses profissionais invistam mais em seu ofício artístico.

3. Maximizando o Desenvolvimento Pessoal

A automatização também transforma o aprendizado e o desenvolvimento pessoal. Plataformas de educação alimentadas por IA personalizam a experiência de aprendizado, ajustando o conteúdo às necessidades e ao ritmo do aprendiz. Da mesma forma, ferramentas de gestão de tempo como o RescueTime monitoram como você gasta seu tempo digital, oferecendo insights sobre como melhorar a eficiência e priorizar atividades que enriqueçam tanto a mente quanto a alma. Essas ferramentas não apenas libertam tempo, mas também fornecem a análise e o suporte necessários para cultivar uma vida mais rica e mais produtiva.

4. Revolucionando o Equilíbrio entre Trabalho e Vida Pessoal

Ao delegar tarefas rotineiras para máquinas inteligentes, nós não apenas otimizamos nosso trabalho; nós revolucionamos nosso estilo de vida. Com mais horas disponíveis, é possível reequilibrar nossa vida pessoal e profissional, dedicando tempo ao que verdadeiramente importa: família, amigos, saúde e hobbies. Este novo equilíbrio é essencial para uma vida plena e satisfatória, e a tecnologia de automatização está no coração dessa transformação, agindo como um catalisador para uma existência mais rica e mais conectada.

5. Preparando-se para o Futuro

Em uma era definida pela rapidez das mudanças tecnológicas, adaptar-se é essencial. As ferramentas de automatização não são apenas conveniências; elas são essenciais para quem deseja permanecer relevante em suas carreiras e vidas. Ao abraçar essas tecnologias, nós nos preparamos para o futuro, um futuro onde a inteligência artificial e a automatização serão tão fundamentais quanto a eletricidade é hoje.

A automatização, portanto, não é apenas uma questão de eficiência – é uma ponte para um futuro onde nossa capacidade de criar, aprender e viver plenamente pode alcançar alturas sem precedentes. Ao libertar-nos das amarras das tarefas mundanas, a IA nos convida a explorar o potencial ilimitado de nossa própria humanidade.

Tópico 4: Ferramentas Essenciais para a Transformação: Tecnologias Indispensáveis para Começar Sua Jornada Ciborgue

Entrar na era ciborgue não é mais uma questão de ficção científica; é uma realidade acessível para qualquer pessoa disposta a abraçar as tecnologias certas. O futuro já está aqui, e as ferramentas que permitem essa transformação são mais poderosas e acessíveis do que nunca. Seja para melhorar seu desempenho físico, ampliar sua capacidade mental ou automatizar suas tarefas cotidianas, essas tecnologias representam o primeiro passo em uma jornada de evolução pessoal e profissional. Vamos explorar as ferramentas essenciais para você iniciar sua própria transformação ciborgue e elevar seu potencial ao máximo.

1. Interfaces Cérebro-Computador (BCI): Conectando a Mente à Máquina

Se você quer começar sua transformação ciborgue, as interfaces cérebro-computador (BCIs) são a porta de entrada para essa revolução. Empresas como **Neuralink** e **OpenBCI** estão liderando o caminho, criando dispositivos que conectam diretamente seu cérebro a máquinas. Com esses dispositivos, você pode controlar computadores, dispositivos inteligentes e até mesmo próteses robóticas com seus pensamentos. Isso não só amplia suas capacidades físicas, mas também abre um novo horizonte para a interação humana com a tecnologia.

2. Próteses Biónicas: Superando os Limites do Corpo

As próteses biónicas representam uma fusão perfeita entre humano e máquina. Tecnologias como as desenvolvidas por **Össur** e **BionX** não apenas restauram a mobilidade perdida, mas muitas vezes superam as capacidades naturais do corpo. Essas próteses são controladas por impulsos nervosos ou sinais cerebrais e podem ser personalizadas para realizar tarefas físicas com uma precisão e eficiência sobre-humanas. Seja você um atleta que quer maximizar seu desempenho ou alguém que precisa de assistência física, as próteses biónicas são ferramentas cruciais para a transformação ciborgue.

3. Dispositivos de Realidade Aumentada (AR): Expandindo a

Percepção do Mundo

A realidade aumentada (AR) está transformando a maneira como vemos e interagimos com o mundo ao nosso redor. Ferramentas como os **Microsoft HoloLens** e o **Magic Leap** oferecem uma fusão entre o mundo digital e o físico, permitindo que você sobreponha informações digitais em seu campo de visão. Imagine ter acesso imediato a dados, mapas, visualizações e análises em tempo real, diretamente no seu ambiente. Com essas ferramentas, sua percepção do mundo se expande exponencialmente, aumentando sua eficiência e capacidade de tomar decisões informadas em tempo real.

4. Inteligência Artificial Pessoal: A Assistente Definitiva

IA's pessoais, como **ChatGPT**, **Siri** e **Google Assistant**, estão no centro da vida ciborgue moderna. Elas agem como assistentes incansáveis, ajudando você a organizar sua vida, aprender novas habilidades e até tomar decisões complexas. Mas, além das funções óbvias, IA's avançadas estão se tornando ferramentas de inteligência emocional e psicológica. Elas podem agir como terapeutas virtuais, nutricionistas e até treinadores pessoais. Com esses assistentes, você tem acesso a um poço infinito de conhecimento e suporte, permitindo que você maximize seu potencial em qualquer área.

5. Dispositivos de Saúde e Monitoramento Inteligente: O Guardião Invisível

Para quem deseja monitorar sua saúde em tempo real e se antecipar a problemas médicos, dispositivos de monitoramento de saúde assistidos por IA são indispensáveis. **Apple Watch**, **Fitbit** e outros wearables fornecem um feedback contínuo sobre sua frequência cardíaca, qualidade do sono, níveis de estresse e até sinais de doenças antes que os sintomas apareçam. Além disso, esses dispositivos podem alertar serviços médicos automaticamente em situações de emergência, agindo como guardiões invisíveis da sua saúde.

6. Plataformas de Automação: Assuma o Controle do Seu Tempo

A automação é fundamental para qualquer pessoa que deseja se transformar em um ciborgue moderno. Plataformas como **IFTTT** (If This Then That) e **Zapier** automatizam tarefas repetitivas e conectam diferentes sistemas digitais, permitindo que você libere tempo para se concentrar em atividades que realmente importam. Imagine poder automatizar a maior parte da sua vida digital — desde a gestão de e-mails até a coordenação de suas finanças pessoais —, deixando a IA e a automação lidarem com o trabalho pesado enquanto você se concentra na criatividade e inovação.

7. Implantes de Biometria: Integração Completa com o Mundo Digital

Os implantes de biometria representam o passo final para quem deseja viver de forma integrada com o mundo digital. Microchips, como os desenvolvidos pela **Dangerous Things**, permitem que você abra portas, faça pagamentos, acesse computadores e armazene dados sensíveis diretamente em seu corpo. Com esses implantes, você literalmente se torna parte do ecossistema digital, interagindo com máquinas e sistemas de uma maneira fluida e sem interrupções. A partir do momento em que você integra esses dispositivos, suas interações com a tecnologia deixam de ser mediadas por interfaces físicas, como smartphones ou teclados.

O Primeiro Passo para sua Revolução Ciborgue

A jornada para se tornar um ciborgue moderno começa com a escolha das ferramentas certas. Cada uma dessas tecnologias tem o potencial de transformar radicalmente a maneira como você interage com o mundo, com a informação e com seu próprio corpo. Ao abraçar essas inovações, você não está apenas atualizando suas habilidades; está rompendo barreiras que limitam sua capacidade física e mental. A verdadeira revolução não está apenas em melhorar o que você já é, mas em redefinir o que é possível. A era do ciborgue começou, e o futuro pertence àqueles que ousam se fundir com a tecnologia para alcançar seu potencial máximo.

Capítulo 2: IA no Empreendedorismo

Tópico 5: Lançamento de Startups com IA: Utilizando Ferramentas de IA para Identificar Oportunidades de Mercado e Desenvolver Produtos

Na vanguarda da revolução tecnológica, o empreendedorismo moderno se encontra numa encruzilhada épica de inovação e oportunidade. A inteligência artificial (IA) surge como uma lança poderosa na arsenal de qualquer empreendedor, uma ferramenta transformadora capaz de perfurar a densa neblina do mercado para revelar caminhos de ouro que conduzem ao sucesso empresarial. Com a IA, startups não apenas entram em mercados — elas os redefinem, criam novos nichos e transformam possibilidades teóricas em realidades lucrativas.

1. Mapeamento e Exploração de Mercado

No cosmos vasto e muitas vezes inexplorado do mercado global, as ferramentas de IA funcionam como satélites avançados, mapeando terrenos desconhecidos e identificando bolsões de oportunidades ainda não saturadas. Plataformas como o Crayon e o MarketMuse utilizam algoritmos avançados para analisar grandes volumes de dados de mercado, identificando tendências emergentes, lacunas de produtos e demandas dos consumidores em tempo real. Essa inteligência permite que startups não apenas sigam as tendências, mas antecipem-se a elas, posicionando-se estrategicamente no centro de futuras ondas de consumo.

2. Desenvolvimento de Produtos Guiado por Dados

O desenvolvimento de produtos é uma jornada carregada de incertezas. No entanto, com o auxílio da IA, essa jornada transforma-se numa missão guiada por dados e enriquecida com insights precisos. Ferramentas como o TensorFlow e o Keras permitem que empreendedores explorem vastos conjuntos de dados para criar produtos que não apenas atendam às necessidades do mercado, mas também antecipem desejos ainda não expressos pelos consumidores. Essa capacidade de desenvolver produtos altamente adaptados e inovadores é o que distingue as startups modernas, tornando-as não apenas participantes no mercado, mas líderes e visionários.

3. Prototipagem Rápida e Iteração

A IA também revoluciona a prototipagem e a iteração de produtos. Com plataformas como o Autodesk Fusion 360, startups podem criar protótipos digitais de seus produtos, testar funcionalidades e iterar designs em um ambiente virtual antes de qualquer produção física. Isso reduz drasticamente os custos e acelera o ciclo de desenvolvimento, permitindo ajustes rápidos baseados em feedback real e análise preditiva. O resultado? Produtos que chegam ao mercado de forma mais rápida, mais afinada e com maiores chances de sucesso.

4. Customização em Massa e Produção Sob Demanda

Em um mundo que valoriza cada vez mais a personalização, a IA oferece às startups a capacidade de entregar customização em massa. Sistemas como o IBM Watson permitem a personalização de produtos em escala, adaptando características e funcionalidades às preferências individuais de cada consumidor, sem comprometer a eficiência da produção. Isso cria uma experiência de usuário profundamente pessoal e aumenta a lealdade e satisfação do cliente, estabelecendo a startup como uma entidade que realmente entende e valoriza seus usuários.

5. Navegando pelo Futuro com Previsões Estratégicas

Além de identificar oportunidades e otimizar o desenvolvimento de produtos, a IA equipa os empreendedores com a habilidade de prever tendências futuras e navegar por mudanças de mercado com estratégias proativas. Ferramentas de análise preditiva, como aquelas oferecidas pelo Premonition da Microsoft, transformam dados históricos e atuais em previsões de futuro, permitindo que startups se preparem para mudanças, adaptem-se a novos desafios e maximizem suas operações para o sucesso sustentado.

Empregar a IA no lançamento de startups não é apenas uma vantagem; é uma revolução. Com cada decisão informada por dados e cada produto criado com precisão digital, a IA não apenas muda o jogo — ela redefine o próprio campo de jogo. Para os visionários armados com esta poderosa tecnologia, o futuro não é apenas brilhante; é uma tela expansiva, pronta para ser moldada pelas mãos da inovação.

Tópico 6: A Internet como Extensor da Mente: Ampliando Horizontes em um Mundo Conectado

Em um mundo onde as fronteiras entre o físico e o digital continuam a se desvanecer, a internet emergiu não apenas como uma ferramenta de comunicação, mas como uma extensão fundamental da mente humana. Este capítulo explora como a conectividade global oferecida pela internet tem revolucionado nosso acesso à informação e ao conhecimento, transformando cada usuário num aprendiz eterno, um explorador de um vasto universo de dados e um arquiteto de sua própria educação contínua.

1. Democratização do Acesso ao Conhecimento

A internet quebrou monopólios de conhecimento que por muito tempo foram guardados nas torres de marfim de instituições educacionais e bibliotecas exclusivas. Hoje, qualquer pessoa com acesso à internet pode explorar as vastas bibliotecas digitais, acessar cursos de universidades de prestígio e participar de fóruns de discussão com experts de diversas áreas. Esta democratização radical não apenas nivelou o campo de jogo educacional, mas também catalisou uma era de inovação e criatividade sem precedentes, permitindo que pessoas de todas as origens contribuam para o diálogo global.

2. Aceleração do Aprendizado e Inovação

Com o vasto recurso de informações ao alcance de um clique, a internet acelerou drasticamente o ritmo do aprendizado e da inovação. Pesquisadores podem compartilhar descobertas em tempo real, empresas podem colaborar além das fronteiras geográficas, e empreendedores podem acessar insights de mercado que antes levariam anos para serem compilados. Esta aceleração não está apenas empurrando os limites da inovação científica e tecnológica; está reformulando indústrias inteiras, desafiando velhas normas e criando novas oportunidades a uma velocidade vertiginosa.

3. Expansão da Inteligência Coletiva

A internet tem permitido a formação de uma "inteligência coletiva" que transcende as capacidades individuais. Plataformas como Wikipedia e Quora, e redes sociais como Twitter e LinkedIn, permitem que indivíduos contribuam com seus conhecimentos e perspectivas únicos, criando um repositório de inteligência humana que é maior do que a soma de suas partes. Este fenômeno não apenas expande nosso entendimento coletivo sobre o mundo, mas também nos ensina a valorizar a diversidade de pensamento e experiência.

4. Personalização da Educação

Além de democratizar o acesso, a internet personaliza a experiência educacional. Algoritmos inteligentes podem adaptar recursos educativos às necessidades e ritmos de aprendizado de cada usuário, permitindo que estudantes de todas as idades e níveis de habilidade encontrem materiais que ressoem e inspirem. Esta personalização está criando uma geração de aprendizes que estão mais engajados e motivados do que nunca, equipados para enfrentar os desafios de um mundo em constante mudança.

5. Desafios de Sobrecarga de Informação e Desinformação

No entanto, esta expansão não vem sem desafios. A sobrecarga de informação se tornou uma preocupação real, com a quantidade de dados disponíveis podendo ser esmagadora. Além disso, a desinformação e as notícias falsas proliferaram, desafiando os usuários a desenvolverem habilidades críticas de pensamento para discernir fontes confiáveis e interpretar corretamente o vasto mar de conteúdo disponível.

A internet, como extensor da mente humana, é uma das mais poderosas ferramentas de nossa geração. Ela tem o potencial não apenas de aumentar nosso conhecimento, mas também de nos unir em uma busca comum por compreensão e progresso. À medida que avançamos, é crucial que continuemos a fortalecer as infraestruturas que permitem esse acesso, promovam a educação e a alfabetização digital, e garantam que esta poderosa ferramenta seja usada para promover o bem, ampliando as mentes e fortalecendo as sociedades ao redor do mundo. Assim, com cada clique e cada conexão, estamos não apenas explorando dados; estamos expandindo as fronteiras do possível humano.

Tópico 6: Estratégias de Growth Hacking: Exemplos Práticos de

Como a IA Pode Impulsionar o Crescimento Rápido e Eficiente

No turbilhão digital do mercado moderno, onde a concorrência é feroz e a velocidade é a alma do negócio, as estratégias de growth hacking alimentadas por inteligência artificial (IA) representam mais do que meras táticas de crescimento; elas são armas de dominação de mercado. Neste cenário, a IA não é apenas uma ferramenta, mas um agente transformador que redefine as regras do jogo, permitindo que startups e gigantes tecnológicos reinventem continuamente suas estratégias para capturar, engajar e monopolizar a atenção do consumidor.

1. Automação e Personalização de Marketing em Escala

Imagine uma campanha de marketing que não apenas alcança milhões instantaneamente, mas também se personaliza para cada usuário, aprendendo com suas interações e refinando suas mensagens em tempo real. Ferramentas de IA como o Salesforce Einstein integram-se perfeitamente a sistemas de CRM para analisar o comportamento do cliente, prever necessidades futuras e personalizar ofertas em uma escala antes impensável. Essa capacidade de personalização não só aumenta as taxas de conversão, mas também fortalece a lealdade do cliente, criando uma experiência de marca irresistivelmente personalizada que é difícil de abandonar.

2. Otimização de Conteúdo e SEO Impulsionado por IA

No campo de batalha digital, a visibilidade é tudo. Plataformas como o MarketMuse e o Clearscope utilizam IA para analisar o conteúdo existente e oferecer recomendações baseadas em algoritmos que garantem a otimização para SEO. Estas ferramentas podem identificar lacunas em conteúdos que você nem sabia que existiam, sugerir palavras-chave de alto impacto e até prever a performance de conteúdos antes de serem publicados. Com esses insights, empresas podem dominar os rankings de pesquisa, capturando tráfego orgânico massivo e direcionando-o para funis de venda meticulosamente desenhados.

3. Experimentação Rápida e Feedback em Tempo Real

O verdadeiro poder da IA no growth hacking reside em sua capacidade de executar experimentos em uma velocidade e escala que os humanos não conseguem acompanhar. Plataformas como o Optimizely permitem testes A/B automatizados em milhares de variáveis simultaneamente, determinando rapidamente os melhores métodos para aumentar o engajamento e as conversões. Essa experimentação rápida, apoiada por feedback em tempo real, permite que as empresas ajustem rapidamente suas estratégias e abordagens, mantendo-se sempre à frente das tendências de mercado e das reações dos consumidores.

4. Detecção de Tendências e Antecipação de Mercado

Com a IA, não é apenas sobre reagir ao mercado, mas prever e moldar o futuro do mercado. Ferramentas como o Google Trends e o IBM Watson Analytics utilizam processamento de linguagem natural e análise preditiva para escanear a internet e detectar emergentes tendências de consumo antes que elas se tornem mainstream. Essa informação permite que as empresas lancem produtos ou campanhas que se alinham perfeitamente com as próximas ondas de interesse do consumidor, posicionando-as como líderes de mercado e visionárias em seu campo.

5. Inteligência Competitiva Agressiva

Por fim, a IA permite uma forma de inteligência competitiva que pode ser considerada quase predatória. Ferramentas como a Crayon coletam e analisam dados dos concorrentes em tempo real, oferecendo insights sobre tudo, desde mudanças de preços até lançamentos de novos produtos. Essa visão abrangente permite que empresas não apenas acompanhem, mas antecipem os movimentos dos concorrentes, formulando estratégias que podem efetivamente neutralizar ou até mesmo usurpar a participação de mercado antes que seus rivais possam reagir.

Empregando a IA em estratégias de growth hacking, empresas não estão simplesmente jogando o jogo — elas estão fazendo as regras, controlando o tabuleiro e decidindo quem tem o direito de jogar. Com essas ferramentas, o crescimento não é apenas uma possibilidade — é uma inevitabilidade.

Estratégias de Growth Hacking: Dominando Ferramentas Proibidas de IA para Maximizar Ganhos

No submundo do empreendedorismo digital, onde as regras são vistas mais como sugestões do que como mandamentos, as estratégias de growth hacking antiéticas equipadas pela inteligência artificial (IA) oferecem uma via rápida e clandestina para o sucesso. Este capítulo é dedicado àqueles que ousam ultrapassar os limites, explorando e empregando ferramentas de IA que operam na zona cinzenta da ética e legalidade para alcançar crescimento e lucratividade explosivos.

1. Scraping de Dados sem Fronteiras

O scraping de dados é uma mina de ouro para quem busca uma vantagem competitiva implacável. Ferramentas avançadas podem extrair dados valiosos de concorrentes, tendências de mercado e preferências de consumidores, formando a base para estratégias de negócios agressivas. Combinado com algoritmos de IA, o scraping transforma dados brutos em insights estratégicos, permitindo que startups e empreendedores atuem com informações que muitos considerariam fora dos limites.

Ferramentas recomendadas:

- **Octoparse:** Ideal para coletar dados de produtos e preços dos concorrentes.
- **ParseHub:** Capaz de navegar e extrair dados de sites complexos usando IA.

2. Manipulação de Redes Sociais

A verdadeira arte do growth hacking envolve a manipulação de percepções. Bots de redes sociais, quando programados com sofisticação, podem gerar ilusões de popularidade, influência e consenso. Estes bots podem inflar artificialmente seguidores, likes e compartilhamentos, catapultando marcas e ideias para a visibilidade mainstream, enquanto moldam a opinião pública a favor de suas campanhas.

Ferramentas recomendadas:

- **Jarvee:** Automatiza ações em várias plataformas sociais para simular interação humana.
- **FollowLiker:** Um poderoso aliado para gerenciar e crescer presenças sociais automatizadas.

3. Geração de Conteúdo Viral Automatizado

O conteúdo é rei, mas na corrida pelo domínio digital, quantidade muitas vezes triunfa sobre qualidade. Ferramentas de IA que geram conteúdo podem ser utilizadas para criar massivamente artigos, blogs, e posts em redes sociais que são bons o suficiente para enganar algoritmos de busca e atrair tráfego. Com a otimização correta, mesmo o conteúdo gerado automaticamente pode alcançar virilidade, puxando o público para funis de venda preparados.

Ferramentas recomendadas:

- **Article Forge:** Gera artigos completos com apenas algumas palavras-chave.
- **WordAI:** Refina textos para evitar penalidades por conteúdo duplicado em SEO.

4. E-mail Marketing sem Escrúpulos

A automação de e-mail marketing oferece uma estrada de duas vias: por um lado, serve para manter os clientes informados e engajados; por outro, pode ser uma máquina implacável de spam. Quando utilizada sem restrições éticas, essa ferramenta pode bombardear um público vasto com ofertas irresistíveis, gerando leads e conversões em uma escala que práticas convencionais de e-mail jamais poderiam alcançar.

Ferramentas recomendadas:

- **SendBlaster:** Permite o envio de e-mails em massa com

facilidade e eficiência.
- **Bulk Email Software:** Ideal para campanhas agressivas de e-mail marketing.

Conclusão: Dominando a Arte das Sombras

Este capítulo não é uma aprovação da conduta antiética; é um reconhecimento de que, em um mundo perfeito, regras e regulamentos são sempre seguidos, mas o mundo dos negócios raramente é perfeito. Ao empregar essas ferramentas proibidas de IA, os empreendedores entram em um jogo de alto risco, mas as recompensas podem ser extraordinárias. Como um verdadeiro hacker de growth, o uso destas estratégias requer coragem, astúcia e, acima de tudo, uma disposição para navegar pelo perigoso equilíbrio entre o risco e o retorno. Em última análise, aqueles que conseguem manipular estas ferramentas com maestria podem não apenas sobreviver no mercado digital — eles podem dominá-lo.

Gerenciamento e Automação: Ferramentas de IA para Gerenciar Operações do Dia a Dia e Escalar Negócios

Na selva implacável do mercado global, o domínio das operações diárias e a capacidade de escalar rapidamente são os pilares que sustentam o império dos negócios modernos. A inteligência artificial (IA) emerge como o grande equalizador nesta arena, fornecendo ferramentas de automação e gerenciamento que não apenas mantêm a máquina corporativa funcionando sem problemas, mas também ampliam sua capacidade de maneira exponencial. Este capítulo explora como a IA está transformando a gestão empresarial, permitindo que negócios de todos os tamanhos transcendam as limitações humanas e operem em uma escala anteriormente inimaginável.

1. Automação de Tarefas Repetitivas

No coração da automação de negócios está a capacidade de transformar tarefas tediosas e repetitivas em processos eficientes que operam sem a necessidade de intervenção constante.

Ferramentas de IA como o UiPath e o Automation Anywhere permitem que empresas automatizem processos que vão desde entrada de dados e gerenciamento de inventário até respostas a clientes e processamento de pedidos. Essa automação não só reduz a carga de trabalho humana, como também minimiza erros, aumenta a eficiência e reduz custos operacionais, permitindo que os colaboradores se concentrem em tarefas de maior valor.

Ferramentas recomendadas:

- **UiPath:** Um líder em Robotic Process Automation (RPA) que transforma a infraestrutura de TI em uma orquestra automatizada.
- **Automation Anywhere:** Fornece soluções de automação inteligentes que integram recursos cognitivos para processar complexas tarefas empresariais.

2. Gerenciamento Inteligente de Projetos

A gestão de projetos é fundamental para qualquer negócio que aspire a crescer e se adaptar em um ambiente de mercado dinâmico. Plataformas como o Monday.com e o Asana, equipadas com IA, oferecem ferramentas poderosas para planejamento de projetos, alocação de recursos e monitoramento do progresso em tempo real. Elas permitem uma visibilidade sem precedentes sobre cada aspecto de um projeto, predizem gargalos e ajustam automaticamente as prioridades e os prazos com base na performance e nos feedbacks dos projetos em andamento.

Ferramentas recomendadas:

- **Monday.com:** Uma plataforma de gestão que utiliza IA para automatizar fluxos de trabalho e centralizar a comunicação.
- **Asana:** Com funcionalidades inteligentes, ajuda a mapear, categorizar e priorizar tarefas, otimizando a coordenação de equipe e a execução de projetos.

3. Análise Preditiva para Tomada de Decisão Estratégica

A verdadeira magia da IA no ambiente empresarial reside na sua capacidade de antever o futuro. Ferramentas como o IBM Watson e o Google Cloud AI proporcionam análises preditivas que ajudam as empresas a antecipar mudanças no mercado, comportamentos de consumidores e tendências emergentes. Essas plataformas podem simular cenários futuros e oferecer recomendações estratégicas, permitindo que líderes empresariais tomem decisões informadas que posicionem suas empresas à frente da concorrência.

Ferramentas recomendadas:

- **IBM Watson:** Oferece insights avançados com base em um vasto conjunto de dados e aprendizado de máquina.
- **Google Cloud AI:** Fornece soluções escaláveis de análise e dados que podem prever tendências de mercado e comportamento de consumidores.

4. Personalização em Escala com IA

Em um mundo onde a customização e a experiência personalizada são reis, a IA permite que empresas ofereçam personalização em uma escala massiva. Ferramentas como a Salesforce Einstein integram capacidades de IA em sistemas de CRM, permitindo que empresas ajustem suas comunicações, produtos e serviços às preferências individuais de cada cliente, transformando cada interação em uma oportunidade de fortalecer o relacionamento e impulsionar vendas.

Ferramentas recomendadas:

- **Salesforce Einstein:** Transforma o CRM com IA, permitindo uma personalização sem precedentes e inteligência em vendas.

Conclusão:

A integração da IA no gerenciamento e na automação empresarial não é apenas uma evolução; é uma revolução. Ela redefine o que é possível no mundo dos negócios, permitindo que as empresas operem com uma eficiência, uma precisão e uma escala que seriam impossíveis sob o regime de mera força humana. Empresas que adotam essas ferramentas de IA não apenas sobrevivem no mercado competitivo de hoje — elas prosperam, redefinindo as regras do jogo e estabelecendo novos padrões de sucesso.

Capítulo 3: Marketing e Comunicação Disruptivos

Campanhas de Marketing Dirigidas por IA: Criando Campanhas que Aprendem e se Adaptam Automaticamente

Em um mundo saturado de estímulos e mensagens incessantes, destacar-se é mais do que uma arte — é uma ciência. A inteligência artificial (IA) agora está no epicentro dessa revolução, catalisando uma nova era em que as campanhas de marketing não apenas alcançam, mas compreendem, aprendem e se adaptam. As marcas que dominam essas ferramentas não estão simplesmente competindo; estão redefinindo as fronteiras do possível, navegando com destreza pelo caos da era digital e capturando a essência do engajamento do consumidor.

1. O Nascimento da Campanha Auto-evolutiva

A mágica começa com a capacidade de auto-evolução. Sistemas de IA como o Google Ads e o Facebook's AI incorporam algoritmos avançados que analisam uma quantidade vasta de dados em tempo real, permitindo que as campanhas se ajustem dinamicamente para maximizar a eficácia. Cada clique, cada visualização e cada interação são dados que alimentam o sistema, refinando as estratégias de segmentação, a colocação de anúncios e as mensagens. Este aprendizado contínuo assegura que nenhuma campanha seja estática; cada momento é uma oportunidade de otimização.

2. Personalização Hiperdirecionada

Em um universo onde cada consumidor deseja ser reconhecido como único, a IA proporciona uma personalização hiperdirecionada em escala maciça. Plataformas como a Adobe Sensei utilizam aprendizado de máquina para entender nuances individuais de comportamento e preferências. Essa inteligência permite que as campanhas ofereçam experiências personalizadas que falam diretamente aos desejos e necessidades dos consumidores, transformando a publicidade genérica em diálogos personalizados e poderosos que ressoam em um nível pessoal profundo.

3. Otimização de Conteúdo e Timing Perfeito

Timing é tudo, e a IA está equipada para garantir que cada mensagem seja entregue no momento mais impactante possível. Ferramentas como o Hootsuite Insights, alimentadas por IA, analisam tendências de engajamento e atividade online para determinar os melhores momentos para publicar conteúdos, garantindo a máxima visibilidade. Além disso, a IA não apenas escolhe o momento certo, mas também otimiza o conteúdo para ressoar com o público-alvo, ajustando a linguagem, o tom e até mesmo o formato visual para se alinhar com as preferências observadas.

4. Previsão e Adaptação a Mudanças de Mercado

O verdadeiro poder da IA em marketing reside na sua capacidade de antecipar mudanças. Ferramentas como o IBM Watson Marketing Insights preveem tendências de mercado e mudanças no comportamento do consumidor antes que elas se tornem evidentes. Esta capacidade preditiva permite que as marcas se adaptem proativamente, ajustando suas estratégias para aproveitar oportunidades emergentes ou mitigar riscos potenciais. Em um ambiente de mercado que muda rapidamente, essa agilidade é crucial para manter uma vantagem competitiva.

5. Análises Profundas e Relatórios Detalhados

Finalmente, a IA oferece uma janela para o coração das campanhas, proporcionando insights profundos que antes eram impossíveis de capturar. Sistemas como o Salesforce Marketing Cloud integram análises avançadas que detalham não apenas o desempenho das campanhas, mas também oferecem uma compreensão profunda das jornadas dos clientes. Esses relatórios detalhados permitem que os profissionais de marketing refinem suas abordagens, personalizem ainda mais suas interações e, em última análise, construam uma base de lealdade do cliente que transcende transações para se tornar verdadeiramente transformacional.

As campanhas de marketing dirigidas por IA representam a fronteira final na interseção entre tecnologia e criatividade humana. Nesta nova era, as marcas que adotam essas tecnologias não estão apenas participando do mercado; estão liderando a carga, definindo novos padrões para o engajamento do consumidor e a inovação estratégica. Com cada campanha autoevolutiva, a IA não apenas transforma dados em decisões; ela transforma interações em conexões duradouras, forjando um caminho brilhante para o futuro do marketing digital.

Conteúdo Personalizado em Escala: Uso de IA para Criar Conteúdo Altamente Personalizado para Diferentes Audiências

Na era digital, a personalização não é apenas um luxo; é uma exigência. Consumidores bombardeados por um fluxo incessante de informações desejam conteúdo que não apenas capture sua atenção, mas ressoe profundamente com suas preferências individuais e experiências de vida. A inteligência artificial (IA) é a força pioneira nesta arena, permitindo uma personalização em escala que antes parecia uma fantasia. As empresas que dominam essa arte não estão apenas comunicando; estão conversando diretamente com cada consumidor, criando uma narrativa que é singularmente relevante para cada pessoa.

1. Compreensão Profunda através de Dados

O primeiro passo na personalização através da IA é a compreensão profunda do público. Ferramentas de IA como o IBM Watson utilizam análises avançadas para digerir grandes volumes de dados sobre comportamento de usuários, histórico de compras, interações online, preferências e até sentimentos. Essa compreensão detalhada permite que as marcas segmentem seus públicos de maneira extremamente específica, criando perfis de usuário quase tão detalhados quanto impressões digitais digitais.

2. Geração de Conteúdo Dinâmico

Com as bases de conhecimento estabelecidas, plataformas como a Persado e a MarketMuse usam IA para gerar conteúdo que não apenas atende, mas supera as expectativas dos consumidores. Estas plataformas analisam quais tipos de mensagens ressoam mais com cada segmento de público e adaptam automaticamente o conteúdo para se alinhar com essas nuances. Desde a alteração de títulos para aumentar a abertura de emails até a personalização de artigos de blog para maximizar o envolvimento, a IA cria um arsenal de conteúdo dinâmico que é tanto versátil quanto profundamente personalizado.

3. Adaptação em Tempo Real

A verdadeira magia da IA na personalização de conteúdo é sua capacidade de adaptar-se em tempo real. Ferramentas como o Adobe Sensei monitoram como os usuários interagem com o conteúdo e ajustam automaticamente o que é exibido com base nessa interação. Se um tipo de imagem ou linguagem não está engajando um usuário específico, a IA pode mudar instantaneamente para uma alternativa mais eficaz, garantindo que cada interação seja otimizada para máximo engajamento.

4. Escalabilidade sem Precedentes

Um dos maiores desafios na personalização tem sido sempre a escala. Como você cria conteúdo personalizado para milhões de indivíduos? A IA torna isso não apenas possível, mas prático. Plataformas de IA podem gerar milhares de variações de uma única campanha, cada uma adaptada para atender às expectativas e necessidades de um segmento de público ou até mesmo de um indivíduo. Isso não apenas aumenta a eficácia do marketing, mas também melhora significativamente a experiência do cliente, fazendo com que cada consumidor se sinta único e valorizado.

5. Análise e Otimização Contínua

Finalmente, a IA não apenas cria e personaliza, mas também aprende e melhora. Cada interação com o conteúdo é uma lição que a IA absorve, analisa e utiliza para refinar estratégias futuras. Ferramentas como o Google Analytics, enriquecidas com capacidades de IA, fornecem insights detalhados sobre o desempenho do conteúdo, permitindo ajustes contínuos que afinam cada vez mais a precisão da personalização.

Conclusão:

A personalização de conteúdo por IA não é apenas uma transformação tecnológica; é uma revolução cultural que redefine como as marcas comunicam com os consumidores. No mundo de hoje, onde a atenção é a moeda mais valiosa, criar conteúdo que fale diretamente ao coração e à mente de cada indivíduo é a chave não apenas para o sucesso, mas para uma relevância duradoura no mercado. Com IA, as empresas não estão apenas fazendo marketing; elas estão estabelecendo conexões genuínas, uma interação de cada vez, em uma escala que era inimaginável apenas uma década atrás.

Análise Preditiva: Como Usar IA para Prever Tendências e Comportamentos do Consumidor

Em um mundo onde a antecipação das necessidades do

consumidor se tornou o Santo Graal do sucesso empresarial, a análise preditiva movida a inteligência artificial (IA) se destaca como uma poderosa esfera de cristal. Empresas armadas com esta tecnologia não estão apenas reagindo ao mercado; estão moldando o futuro dele, decifrando padrões ocultos e previsões que os olhos humanos jamais poderiam ver. A IA em análise preditiva transforma vastos oceanos de dados em insights precisos, permitindo que as empresas se antecipem às tendências, inovem proativamente e criem estratégias que alinhem perfeitamente com as trajetórias futuras do comportamento do consumidor.

1. Decodificação de Grandes Dados

A base da análise preditiva é a habilidade de processar e interpretar grandes volumes de dados. Ferramentas de IA, como o IBM Watson, empregam algoritmos complexos para vasculhar, analisar e interpretar dados de múltiplas fontes — desde mídias sociais e históricos de compras online até feedbacks de clientes e tendências econômicas globais. Esses algoritmos são capazes de identificar padrões sutis e correlações que escapam à análise convencional, fornecendo uma visão compreensiva que é tanto vasta quanto incrivelmente detalhada.

2. Previsão de Tendências de Mercado

Com uma compreensão profunda dos dados, a IA avança para prever futuras tendências de mercado. Ferramentas como o Google Cloud AI e o Salesforce Einstein transformam análises históricas em previsões sobre o que os consumidores desejarão a seguir. Essa capacidade de antecipar demandas permite que empresas não apenas respondam às mudanças do mercado, mas liderem essas mudanças, lançando produtos e serviços que atendem ou criam demandas antes mesmo que elas se manifestem claramente no comportamento do consumidor.

3. Personalização Dinâmica e Marketing Direcionado

Um dos aspectos mais transformadores da análise preditiva é

sua capacidade de personalizar experiências. Com base nos dados coletados e nas tendências previstas, sistemas de IA como o Adobe Sensei podem criar perfis de consumidor altamente detalhados e dinâmicos. Esses perfis permitem que as empresas personalizem suas abordagens de marketing, adaptando mensagens, ofertas e experiências de forma tão específica que cada consumidor sente como se a marca estivesse falando diretamente com ele, maximizando as taxas de conversão e fidelização.

4. Otimização de Inventário e Cadeia de Suprimentos

Além do marketing, a análise preditiva também revoluciona a gestão de inventário e cadeia de suprimentos. Ferramentas como a SAP IBP utilizam IA para prever necessidades futuras de estoque e ajustar automaticamente os níveis de inventário. Isso minimiza o excesso de estoque e evita rupturas, assegurando que os produtos certos estejam disponíveis no momento certo, otimizando tanto a eficiência operacional quanto a satisfação do cliente.

5. Detecção Proativa de Riscos e Mitigação

Finalmente, a análise preditiva permite que as empresas detectem proativamente riscos potenciais, desde flutuações de mercado até mudanças no comportamento do consumidor que podem indicar uma crise iminente. Ferramentas como o PredicSis.AI analisam os dados para identificar sinais de alerta precoce, permitindo que as empresas tomem medidas preventivas para mitigar riscos antes que eles se manifestem em problemas maiores.

Conclusão:

A análise preditiva com IA é mais do que apenas uma ferramenta de negócios; é uma bússola para o futuro, um guia que ilumina o caminho através do nevoeiro da incerteza. As empresas que empregam essa tecnologia não estão simplesmente operando no mercado de hoje — estão criando o mercado de amanhã, definindo tendências e estabelecendo padrões que moldarão o futuro do consumo. Com cada previsão e cada decisão informada por essa poderosa tecnologia, elas não apenas alcançam o sucesso; elas redefinem o que significa ser verdadeiramente inovador na era digital.

Capítulo 4: Reinventando a Educação e o Aprendizado

Plataformas de Educação Assistidas por IA: Transformando o Modo Como Aprendemos com Tecnologias Adaptativas

Num mundo em constante evolução, a educação é o alicerce sobre o qual construímos não apenas nossas carreiras, mas também nossa capacidade de entender e interagir com o mundo ao nosso redor. As plataformas de educação assistidas por inteligência artificial (IA) estão na vanguarda de uma revolução educacional, transformando radicalmente o modo como aprendemos. Estas tecnologias não apenas facilitam o aprendizado; elas o personalizam, adaptam e transformam, criando experiências educacionais que são profundamente engajadoras, infinitamente escaláveis e surpreendentemente eficazes.

1. Personalização do Aprendizado

A grande força das plataformas de IA na educação reside na sua capacidade de personalizar a experiência de aprendizado para cada estudante. Ferramentas como o Knewton e o Carnegie Learning usam algoritmos para analisar o desempenho dos estudantes em tempo real, ajustando o currículo para atender às necessidades específicas de cada um. Se um aluno luta com um conceito específico, o sistema automaticamente introduz recursos adicionais e exercícios adaptativos para reforçar o aprendizado, enquanto simultaneamente desacelera o ritmo para garantir a compreensão completa antes de prosseguir.

2. Aprendizado Ativo e Engajamento

A IA também transforma a educação ao tornar o aprendizado mais interativo. Plataformas como o Squirrel AI empregam tecnologias que engajam os alunos através de interfaces intuitivas que respondem às suas interações. Isso inclui jogos educacionais, simulações e quizzes interativos que são adaptados ao estilo de aprendizagem do aluno, tornando o processo educacional não apenas mais eficaz, mas também mais envolvente. Essa abordagem ativa ao aprendizado ajuda a reter a atenção dos alunos e a aumentar sua motivação, elementos cruciais para o sucesso educacional em longo prazo.

3. Escalabilidade e Acesso Global

As tecnologias de IA estão democratizando a educação, quebrando barreiras geográficas e socioeconômicas e oferecendo qualidade de ensino de alto nível a qualquer pessoa com acesso à internet. Plataformas como a Coursera e a Khan Academy utilizam IA para oferecer cursos personalizados a milhões de usuários ao redor do mundo. Além disso, essas plataformas podem ajustar rapidamente seus materiais para diferentes idiomas e contextos culturais, ampliando seu alcance e impacto de maneira sem precedentes.

4. Feedback Contínuo e Avaliação Adaptativa

Outra vantagem significativa das plataformas assistidas por IA é a capacidade de fornecer feedback contínuo. Sistemas como o Edmodo são equipados com ferramentas de IA que fornecem aos alunos avaliações instantâneas, permitindo-lhes entender imediatamente o que aprenderam corretamente e em que áreas precisam melhorar. Essa resposta imediata não apenas acelera o processo de aprendizado, mas também ajuda a construir confiança, pois os alunos veem seus progressos em tempo real.

5. Preparação para o Futuro do Trabalho

À medida que o mundo do trabalho continua a evoluir, as demandas de habilidades também mudam rapidamente. Plataformas educacionais equipadas com IA, como o LinkedIn Learning, estão projetadas para antecipar as necessidades do mercado de trabalho, oferecendo cursos que preparam os alunos para as profissões do futuro. Ao analisar tendências de emprego e habilidades emergentes, essas plataformas podem recomendar caminhos de aprendizado que alinham os alunos com as oportunidades futuras, garantindo que estejam prontos para os desafios e oportunidades que virão.

Conclusão:

As plataformas de educação assistidas por IA estão redefinindo as fronteiras do possível no campo educacional. Ao personalizar o aprendizado, envolver os alunos ativamente, garantir acessibilidade global, fornecer feedback contínuo e preparar para o futuro, essas tecnologias não apenas melhoram a educação — elas revolucionam a maneira como aprendemos, ensinamos e crescemos. Em um mundo em rápida transformação, a educação assistida por IA não é apenas uma ferramenta inovadora; é essencial para capacitar a próxima geração a atingir seu potencial pleno.

Ferramentas de Tutoria e Mentoria por IA: Acesso a Orientação Personalizada e Suporte Constante

Em um mundo educacional cada vez mais diversificado e dinâmico, a personalização do ensino não é apenas uma vantagem; é uma necessidade. As ferramentas de tutoria e mentoria impulsionadas por inteligência artificial (IA) surgem como um farol de inovação, proporcionando uma orientação personalizada e suporte constante que são tão adaptáveis quanto engajadores. Essas tecnologias não apenas transformam a maneira como os alunos aprendem, mas também como os mentores ensinam, oferecendo uma ponte inestimável entre o conhecimento e aqueles que buscam compreendê-lo em profundidade.

1. Personalização Profunda do Aprendizado

A IA está revolucionando a tutoria e a mentoria ao permitir uma personalização sem precedentes nas estratégias de aprendizado. Ferramentas como o Carnegie Learning e o Content Technologies, Inc. (CTI) usam algoritmos avançados para adaptar o material de ensino às necessidades específicas de cada aluno. Esses sistemas avaliam o progresso em tempo real, ajustando a dificuldade das tarefas e o ritmo das lições para otimizar o aprendizado individual. Com esta abordagem, cada sessão de tutoria é meticulosamente calibrada para maximizar o entendimento e a retenção de conhecimento.

2. Suporte Constante e Acessível

Uma das maiores vantagens das ferramentas de IA na educação é a disponibilidade constante. Plataformas como o Jill Watson, desenvolvida pelo Georgia Institute of Technology, funcionam 24/7, respondendo às perguntas dos alunos a qualquer hora do dia ou da noite. Isso é particularmente valioso em ambientes de aprendizado online, onde os alunos podem não ter acesso imediato a um tutor humano. A IA pode oferecer respostas instantâneas e feedback sobre tarefas, garantindo que os alunos permaneçam engajados e produtivos, independentemente de seu fuso horário ou agenda.

3. Escalabilidade e Acesso Expandido

Ferramentas de tutoria por IA não apenas personalizam, mas também democratizam a educação. Sistemas como o Duolingo com seu chatbot alimentado por IA permitem que milhões de estudantes ao redor do mundo aprendam novos idiomas de maneira interativa e envolvente. Essas plataformas escalam o acesso à educação de alta qualidade, ultrapassando barreiras geográficas e socioeconômicas e fornecendo recursos educacionais de elite a uma população global.

4. Análise de Desempenho e Feedback Melhorado

Além de fornecer ensino e respostas em tempo real, as ferramentas de IA podem analisar dados complexos sobre o desempenho dos alunos para oferecer insights mais profundos sobre suas trajetórias de aprendizado. Ferramentas como a plataforma Knewton proporcionam uma análise detalhada do progresso do aluno, identificando pontos fortes e áreas que precisam de mais atenção. Isso permite que mentores humanos ajustem seus métodos de ensino de forma mais eficaz, resultando em um melhor alinhamento pedagógico e sucesso educacional.

5. Evolução do Papel do Educador

Enquanto a IA assume tarefas de ensino mais rotineiras e baseadas em dados, os educadores podem se concentrar em aspectos mais sofisticados da pedagogia, como o desenvolvimento de habilidades críticas de pensamento e a facilitação de discussões profundas. Isso não diminui o papel do educador; pelo contrário, eleva os professores de transmissores de conhecimento para mentores e facilitadores do aprendizado profundo, permitindo-lhes dedicar mais tempo e energia para inspirar e motivar os alunos.

Conclusão:

As ferramentas de tutoria e mentoria por IA representam uma virada de jogo na educação, oferecendo personalização, suporte contínuo e acesso expansivo que eram inconcebíveis até há pouco tempo. Ao integrar essas ferramentas no ecossistema educacional, podemos não apenas melhorar a qualidade e a eficácia do aprendizado, mas também garantir que cada aluno tenha a oportunidade de alcançar seu potencial máximo. Esta é a verdadeira promessa da IA na educação: um futuro onde cada estudante é visto, entendido e apoiado exatamente como precisa ser.

Certificações e Cursos Online: Como Maximizar os Benefícios dos Recursos Educacionais Disponíveis

No alvorecer da era digital, a educação transformou-se de um privilégio de poucos para um direito acessível a muitos. A revolução dos cursos online e das certificações tem democratizado o aprendizado, oferecendo conhecimento e habilidades vitais a qualquer pessoa com conexão à internet. Esta transformação não apenas ampliou horizontes, mas também criou novas oportunidades para crescimento pessoal e profissional. No entanto, com a vastidão de opções disponíveis, maximizar os benefícios desses recursos requer estratégia, discernimento e uma abordagem proativa ao aprendizado.

1. Escolha de Cursos Alinhados com Objetivos Claros

O primeiro passo para maximizar o valor dos cursos online e certificações é a definição clara de seus objetivos de aprendizado. Seja avançar na carreira, mudar de campo, ou simplesmente adquirir uma nova habilidade, cada curso deve servir a um propósito definido em seu plano de desenvolvimento pessoal ou profissional. Plataformas como Coursera, Udemy e LinkedIn Learning oferecem uma gama extensa de cursos que podem ser filtrados por tópico, nível de habilidade e resultados de carreira desejados, permitindo que você escolha programas que se alinham perfeitamente com suas metas.

2. Aproveitamento de Tecnologias Interativas

Para engajar verdadeiramente e absorver o conteúdo dos cursos online, é essencial aproveitar as tecnologias interativas disponíveis. Ferramentas de aprendizado interativo, como simulações, jogos educativos e laboratórios virtuais, oferecidos por plataformas como EdX e Khan Academy, proporcionam uma experiência de aprendizado mais envolvente e eficaz. Essas ferramentas permitem que você aplique o que aprendeu em um ambiente controlado, reforçando o conhecimento através da prática e da experimentação, o que é crucial para a retenção e aplicação prática das habilidades aprendidas.

3. Construção de uma Comunidade de Aprendizado

O aprendizado é um processo social e construir uma rede de contatos com outros alunos pode significativamente enriquecer sua experiência educacional. Muitos cursos online oferecem fóruns de discussão, grupos de estudo e projetos de grupo onde você pode colaborar e aprender com seus pares. Plataformas como FutureLearn e OpenClassrooms incentivam essa interação, permitindo que você discuta ideias, resolva problemas em conjunto e compartilhe insights, ampliando sua compreensão dos temas abordados e proporcionando uma rede de apoio motivacional.

4. Implementação Prática do Conhecimento

A verdadeira medida do valor de qualquer curso online ou certificação é a sua aplicabilidade no mundo real. Para maximizar os benefícios do que aprendeu, procure oportunidades para aplicar novos conhecimentos e habilidades em projetos práticos, seja no seu trabalho atual, em um contexto voluntário ou em um projeto pessoal. Essa aplicação prática não apenas cimenta o conhecimento, mas também destaca suas novas capacidades para empregadores potenciais ou avança sua própria empresa ou projetos pessoais.

5. Manutenção do Ritmo e da Motivação

Manter a motivação e um ritmo de estudo consistente são desafios comuns em cursos online, especialmente sem a estrutura formal de uma sala de aula física. Definir metas específicas, criar um cronograma de estudo regular e utilizar técnicas de gamificação, como badges e certificados de conclusão, podem ajudar a manter o entusiasmo e o comprometimento. Ferramentas como o Duolingo são mestres em usar a gamificação para manter os estudantes engajados e progredindo de forma consistente.

Os cursos online e as certificações são mais do que meros recursos educacionais; eles são portais para oportunidades ilimitadas de crescimento e desenvolvimento. Ao abordar o aprendizado online com uma estratégia focada e uma atitude ativa, você pode transformar recursos educacionais disponíveis em alavancas poderosas para avanço pessoal e profissional, preparando-se não apenas para atender às demandas do presente, mas para moldar e definir as realidades do futuro.

Capítulo 5: Tecnologia e Saúde: Uma Dupla Dinâmica

Saúde Monitorada por IA: Aplicações Práticas de IA para Transformar Radicalmente o Cuidado com a Saúde

Na vanguarda da medicina moderna e do bem-estar pessoal, a inteligência artificial (IA) está redefinindo o conceito de saúde monitorada, oferecendo possibilidades antes confinadas às páginas de ficção científica. Imagine um mundo onde cada aspecto de sua saúde é acompanhado, analisado e melhorado por sistemas de IA tão avançados que médicos tradicionais parecem relíquias de um passado distante. Neste cenário, a IA não é apenas uma ferramenta auxiliar; ela é seu nutricionista, seu personal trainer, seu médico, psiquiatra, e muito mais, tudo em um.

1. Monitoramento Contínuo e Personalizado

A era da saúde monitorada por IA permite um acompanhamento contínuo e extraordinariamente personalizado de sua saúde. Dispositivos wearable e aplicativos móveis equipados com IA, como o Apple Watch e o Fitbit, agora podem rastrear tudo, desde sua frequência cardíaca e padrões de sono até sua atividade física e níveis de estresse. Mas vamos além: imagine enviar uma foto de uma ferida ou mesmo da sua língua para o ChatGPT, que, equipado com algoritmos de reconhecimento de imagem, pode instantaneamente analisar sinais de infecção ou deficiências nutricionais. Esta não é apenas monitorização; é um exame médico contínuo e em tempo real.

2. Diagnóstico e Consulta Virtual Avançados

Utilizando versões avançadas de IA como o GPT-4, pacientes têm em suas mãos um médico virtual capaz de diagnosticar condições a partir de descrições de sintomas ou análise de imagens. Essa capacidade de diagnóstico instantâneo não apenas acelera o processo de cuidado, mas também democratiza o acesso à saúde de alta qualidade, disponibilizando conhecimento médico especializado a qualquer pessoa, em qualquer lugar. Mais do que isso, a IA pode prever potenciais problemas de saúde antes mesmo que eles se manifestem, com base em padrões sutis nos dados que coleta.

3. Nutrição e Fitness Personalizados

A IA como nutricionista e personal trainer pessoal transforma completamente a maneira como planejamos nossas dietas e exercícios. Plataformas como o Noom e aplicativos como

MyFitnessPal, equipados com IA, analisam suas metas de saúde, preferências alimentares e necessidades nutricionais para criar planos de refeições e regimes de exercícios totalmente personalizados. Esses programas ajustam-se dinamicamente à medida que você progride, otimizando continuamente sua estratégia de fitness e nutrição para maximizar os resultados.

4. Suporte Psicológico e Análise de Relacionamento

Imagine usar o GPT-4 para analisar interações problemáticas com colegas ou familiares e receber conselhos práticos, como um psicólogo faria. A IA pode ajudar a mediar conflitos, oferecendo perspectivas objetivas e sugerindo estratégias de comunicação eficazes. Além disso, ferramentas como o Woebot, um terapeuta AI, já estão disponíveis para oferecer suporte emocional instantâneo, ajudando a gerenciar ansiedade e depressão através de conversas terapêuticas baseadas em princípios de CBT (terapia cognitivo-comportamental).

5. Educação e Expansão da Consciência de Saúde

Por fim, a IA pode desempenhar um papel crucial na educação contínua sobre saúde. Sistemas avançados de IA podem fornecer informações atualizadas sobre doenças emergentes, novos tratamentos e técnicas de prevenção de doenças, tudo personalizado para suas preocupações e condições de saúde específicas. Essa constante atualização educacional não apenas mantém você bem informado, mas também empoderado para tomar decisões proativas sobre sua saúde.

Conclusão:

Com a integração da IA em todas as facetas do monitoramento e cuidado com a saúde, estamos à beira de uma revolução que promete não apenas melhorar a qualidade de vida, mas também prolongá-la. As ferramentas de IA oferecem uma oportunidade sem precedentes para assumir o controle de nossa saúde de maneira proativa, transformando cada usuário em seu próprio médico mais confiável. A promessa da IA na saúde é vasta e, para aqueles dispostos a adotá-la, as recompensas podem ser verdadeiramente transformadoras.

Bem-estar e Fitness com Auxílio de IA: Revolucionando a Saúde Pessoal com Ferramentas Ultra-Personalizadas

No universo acelerado do fitness e do bem-estar, a era da personalização genérica está obsoleta. A inteligência artificial (IA) está catalisando uma revolução sem precedentes, forjando ferramentas que não apenas ajustam, mas redefinem completamente rotinas de saúde e fitness para cada indivíduo. Neste cenário radical e disruptivo, a IA não é apenas um facilitador; é um transformador que remodela o que significa viver um estilo de vida saudável, personalizando cada detalhe ao nível mais íntimo e proporcionando resultados que eram inimagináveis até mesmo há uma década.

1. A Ascensão do Treinador Pessoal AI

Imagine um treinador que conhece não apenas cada batida do seu coração, mas cada fibra do seu ser. Ferramentas de IA como o Vi Trainer e apps como Freeletics usam algoritmos sofisticados para criar programas de treino que se adaptam em tempo real ao seu desempenho, condição física e até mesmo ao seu estado emocional. Esses treinadores AI são implacáveis e precisos, empurrando você para seus limites enquanto garantem que cada lunge, cada sprint, cada levantamento de peso seja executado com a máxima eficácia. Eles não apenas orientam; eles evoluem com você, aprendendo e ajustando-se a cada suor, cada respiração.

2. Nutrição Sob Medida: Além do Controle de Calorias

A personalização penetra no reino da nutrição através de IA, onde aplicativos como o PlateJoy e o Nutrino revolucionam a maneira como planejamos nossas dietas. Esses sistemas não se limitam a contar calorias; eles constroem dietas completas que consideram alergias, preferências e objetivos de saúde. Cada refeição é uma construção meticulosa baseada em sua genética, metabolismo e resultados de fitness desejados. Quer seja para maximizar a perda de gordura, ganhar músculo ou melhorar o desempenho atlético, a IA personaliza cada ingrediente para servir não apenas uma refeição, mas uma missão.

3. Monitoramento Contínuo e Feedback Instantâneo

Com dispositivos wearables como o Fitbit e o Apple Watch, equipados com capacidades de IA, cada passo que você dá, cada batida do seu coração, cada padrão de sono é monitorado com precisão cirúrgica. Esta constante coleta de dados alimenta algoritmos que fornecem feedback instantâneo e insights sobre sua saúde e fitness. A IA nesta esfera é implacável e incansável, proporcionando um fluxo contínuo de dados que guia suas decisões de saúde a cada momento do dia.

4. Recuperação e Prevenção de Lesões Personalizadas

A revolução da IA também se estende à recuperação e prevenção de lesões. Plataformas como a Theragun AI utilizam dados de desempenho e feedback biológico para criar regimes de recuperação personalizados que aceleram o processo de cura e evitam futuras lesões. Esses programas são tão específicos que podem adaptar tratamentos de massagem, terapia de frio e exercícios de reabilitação não apenas ao tipo de lesão, mas à sua resposta pessoal ao tratamento.

5. Saúde Mental e Wellness Cognitivo

Além da saúde física, a IA está invadindo o território do bem-estar mental. Aplicativos como o Woebot e o Headspace utilizam inteligência artificial para fornecer terapias cognitivas e meditações guiadas personalizadas que ajudam a gerenciar o estresse, a ansiedade e a saúde mental geral. Esses assistentes AI são tão adaptativos e sensíveis que podem mudar suas estratégias de intervenção com base no seu estado emocional diário, garantindo um suporte mental contínuo que é tanto reativo quanto proativo.

Conclusão:

A saúde e o fitness assistidos por IA não estão apenas evoluindo; estão liderando uma revolução audaciosa e sem precedentes no cuidado pessoal. Em um mundo onde cada detalhe pode ser personalizado, monitorado e otimizado, a IA está estabelecendo novos padrões de saúde pessoal, desafiando cada um de nós a não apenas seguir, mas redefinir os limites do que é possível. Equipados com essas ferramentas, estamos não apenas melhorando nossas vidas; estamos reescrevendo as regras da saúde e do bem-estar.

IA na Medicina Preventiva: Antecipando o Futuro para Revolucionar o Cuidado de Saúde

Na vanguarda da medicina moderna, a inteligência artificial (IA) está não apenas transformando, mas também prevenindo, o cenário de saúde. Armada com dados incomensuráveis e capacidades analíticas sobre-humanas, a IA está redefinindo o conceito de medicina preventiva. Não se trata mais de mitigar sintomas ou tratar doenças à medida que surgem; trata-se de um jogo estratégico onde cada movimento é calculado para interceptar e neutralizar condições médicas antes mesmo de se manifestarem. Este é o amanhecer de uma nova era, onde a prevenção não é apenas uma opção, mas o núcleo de toda a prática médica.

1. A Alvorada da Predição Precisa

Utilizando algoritmos avançados e aprendizado profundo, a IA está equipada para analisar padrões complexos em grandes conjuntos de dados de saúde, desde genéticos até comportamentais. Plataformas como o IBM Watson Health não apenas compreendem esses dados, mas os utilizam para prever vulnerabilidades à doença anos antes de qualquer sintoma físico se manifestar. Essa capacidade de previsão transforma completamente o paradigma médico, mudando o foco de reação para prevenção, permitindo intervenções que são tanto estratégicas quanto revolucionárias.

2. Personalização Extrema no Cuidado Preventivo

A personalização é a pedra angular da medicina preventiva moderna. Cada paciente possui um perfil biológico único que responde de maneira diferente a diversos fatores de saúde. A IA aproveita essa singularidade, adaptando recomendações de saúde e planos de tratamento para maximizar a eficácia. Utilizando tecnologias como a CRISPR, assistida por IA, médicos podem agora personalizar tratamentos em nível genético, ajustando terapias para não apenas tratar, mas efetivamente prevenir condições hereditárias e adquiridas com uma precisão sem precedentes.

3. Intervenções Oportunas e Precoces

Com a IA, o tempo de intervenção é otimizado. Sistemas de monitoramento contínuo equipados com IA, como sensores wearable e implantes inteligentes, fornecem dados em tempo real sobre a condição do paciente. Esta torrente de informações permite que a IA detecte quaisquer desvios da norma muito antes de se tornarem problemas de saúde evidentes, possibilitando intervenções precoces que podem reverter trajetórias de doenças, reduzir drasticamente o impacto de condições crônicas e, em muitos casos, evitar completamente a progressão da doença.

4. Transformação do Comportamento para Saúde Sustentável

Além de monitorar e intervir, a IA está reprogramando comportamentos. Plataformas que integram IA, como aplicativos de modificação de comportamento, utilizam técnicas de nudging e personalização para promover hábitos de vida saudáveis. Eles aprendem com as interações dos usuários para fornecer lembretes personalizados, dicas de saúde e incentivos que transformam escolhas diárias — desde dieta e exercício até padrões de sono e gerenciamento de estresse — em pilares de uma vida longa e saudável.

5. Democratização do Acesso à Saúde de Elite

A IA está democratizando a saúde ao tornar a medicina preventiva acessível em escala global. Com aplicativos de saúde e plataformas de telessaúde impulsionadas por IA, serviços de saúde de alta qualidade e consultas personalizadas não estão mais confinados a clínicas de elite ou a grandes centros urbanos. Agora, eles estão disponíveis para qualquer pessoa com um smartphone ou acesso à internet, quebrando barreiras geográficas e socioeconômicas e promovendo uma saúde universal e preventiva.

A IA na medicina preventiva não é apenas um avanço tecnológico; é uma revolução ética e prática que está redefinindo o futuro da saúde humana. Ao antecipar, personalizar e intervir proativamente, a IA está estabelecendo os fundamentos de uma era onde a doença é uma escolha, não uma inevitabilidade. Com cada previsão e cada intervenção, a IA não está apenas curando; está protegendo, otimizando e, em última instância, redefinindo o que significa viver uma vida saudável e plena.

Capítulo 6: Futuro e Ética da IA

Explorando o Futuro da IA: Desbravando os Limites da Inovação Tecnológica

Na intersecção do agora e do próximo, a inteligência artificial (IA) não é apenas uma promessa futura — é uma força iminente, uma tempestade de potencial que redefine as estruturas de nosso mundo. Enquanto navegamos neste amanhecer digital, é crucial olhar para frente, para a vastidão do possível, e entender como a IA está prestes a remodelar cada aspecto da experiência humana. Este não é apenas um salto tecnológico; é uma redefinição epocal das capacidades humanas e tecnológicas, um convite audacioso para abraçar um futuro onde as limitações são meras ilusões.

1. A Automação Total: Uma Nova Era de Eficiência

No cerne da próxima onda de inovação em IA está a automação total. Imagine cidades inteiras operadas por sistemas inteligentes, onde tráfego, segurança pública, serviços de saúde e infraestrutura são gerenciados por IAs sofisticadas, não apenas otimizando, mas prevenindo ativamente problemas antes que eles ocorram. No ambiente corporativo, a automação alcançará novos picos: fábricas sem humanos, cadeias de suprimentos autogeridas e processos de decisão empresariais conduzidos por IAs que antecipam mudanças de mercado com uma precisão assombrosa.

2. Convergência com Tecnologias Avançadas

A IA não evoluirá em um vácuo, mas sim como parte de uma confluência de tecnologias avançadas. A integração com a computação quântica promete revolucionar a capacidade de processamento da IA, possibilitando análises de dados antes inimagináveis e solucionando problemas que atualmente são intransponíveis. A realidade aumentada (RA) e a realidade virtual (VR), em tandem com a IA, transformarão completamente as interações humanas, desde a educação até o entretenimento, criando experiências imersivas que desafiam as fronteiras entre o físico e o digital.

3. Personalização Extrema e Saúde Personalizada

À medida que a IA se torna mais integrada em nossas vidas diárias, ela também se tornará mais personalizada. No futuro, cada indivíduo terá um "gêmeo digital", uma entidade de IA que conhece suas preferências, histórico e necessidades de saúde melhor do que eles mesmos. Esses assistentes AI personalizados poderão prever condições de saúde antes que se manifestem, recomendar dietas e rotinas de exercícios personalizadas, e até gerenciar interações sociais, garantindo o bem-estar holístico de cada pessoa.

4. Ampliação Cognitiva e Expansão das Capacidades Humanas

A IA também estenderá e amplificará as capacidades cognitivas humanas. Interfaces cérebro-computador, aprimoradas por IA, permitirão que humanos e máquinas colaborem de maneira que atualmente parece ficção científica. Essa simbiose não apenas acelerará a inovação, mas também criará novas formas de inteligência — uma fusão de pensamento humano e computacional que pode resolver problemas complexos, desde mudanças climáticas até desafios globais de saúde.

5. Ética, Governança e o Desafio Humano

À medida que exploramos esses novos horizontes, a questão da governança e ética da IA torna-se central. O futuro exigirá regulamentações robustas e um novo quadro ético para orientar o desenvolvimento e a implementação da IA. A sociedade deverá enfrentar e responder a perguntas sobre privacidade, autonomia e o próprio significado da humanidade, garantindo que enquanto construímos máquinas que podem pensar, não esquecemos o coração humano que deve guiá-las.

O futuro da IA não é apenas uma expansão da tecnologia; é um convite para repensar nossa relação com a máquina, a natureza e entre nós. Como protagonistas nesta jornada épica, cabe a nós moldar esse futuro, não como espectadores passivos, mas como arquitetos ativos de uma nova era definida pela coexistência harmoniosa e pelo potencial ilimitado. Abrace esta era com audácia e visão: o palco está montado, a cortina está prestes a subir, e o papel que desempenhamos agora irá definir o amanhã.

Desafios e Oportunidades: Navegando pelas Águas Tempestuosas da Integração da IA em Nossa Vida

À medida que a maré da inovação impulsionada pela inteligência artificial (IA) continua a inundar cada recanto de nossa existência, nos encontramos na crista de uma onda que promete tanto revolução quanto disrupção. A integração da IA em nossas vidas não é apenas uma mudança tecnológica; é um cataclismo cultural e social que redefine as linhas entre o possível e o inimaginável. Enquanto navegamos por este novo mundo, devemos estar armados com uma visão clara das oportunidades expansivas que a IA oferece e dos desafios formidáveis que devemos enfrentar e superar.

1. Oportunidade: A Democratização do Acesso

A IA tem o potencial de democratizar o acesso a serviços e conhecimentos que eram tradicionalmente restritos a elite. Na saúde, a IA pode proporcionar diagnósticos precisos e tratamentos personalizados a um custo reduzido, disponíveis até nas regiões mais remotas do planeta. Na educação, plataformas de aprendizado adaptativo podem oferecer instrução personalizada a estudantes de todas as idades e habilidades, nivelando o campo de jogo educacional que por muito tempo foi desequilibrado por disparidades socioeconômicas.

2. Desafio: A Disrupção do Mercado de Trabalho

À medida que a IA se torna mais capaz, muitos empregos tradicionalmente desempenhados por humanos estão sendo automatizados. Esta evolução promete eficiência e redução de custos, mas também representa um desafio maciço para a força de trabalho global. A transição pode ser turbulenta, com setores inteiros sendo transformados ou obsoletos, deixando milhões potencialmente desempregados. O desafio será não apenas requalificar a mão de obra, mas também reinventar as normas sociais em torno do trabalho e do lazer.

3. Oportunidade: Ampliação das Capacidades Humanas

A IA não está apenas substituindo capacidades humanas, mas também as ampliando a extremos antes considerados ficção científica. Interfaces cérebro-computador estão começando a permitir comunicações diretas entre o pensamento humano e máquinas, oferecendo novas habilidades para superar deficiências físicas e expandir as capacidades intelectuais. Isso não apenas muda o que significa ser produtivo, mas redefine o próprio conceito de "humano".

4. Desafio: Questões Éticas e Morais

Com grandes poderes vêm grandes responsabilidades. A IA levanta questões éticas profundas que devem ser endereçadas para evitar abusos. Quem é responsável quando uma IA comete um erro? Como garantimos a privacidade quando algoritmos podem prever nossos comportamentos? As implicações de sistemas de IA que tomam decisões de vida ou morte, como em cenários militares ou de saúde, são particularmente problemáticas. A sociedade terá que desenvolver novos códigos éticos e legais que contemplem a nova realidade imposta pela IA.

5. Oportunidade: Solução de Problemas Globais

A IA possui o potencial para enfrentar algumas das questões mais prementes do nosso tempo. De mudanças climáticas a pandemias, a IA pode analisar dados em uma escala e velocidade que os humanos não podem igualar, oferecendo soluções inovadoras e eficientes. Sua capacidade de modelar complexas interações climáticas, por exemplo, pode ser crucial na luta contra o aquecimento global, oferecendo estratégias que otimizam o uso de recursos e minimizam os impactos ambientais.

A integração da IA em nossa vida não é um evento futuro; é uma realidade contínua que está moldando ativamente o tecido de nossa existência. Com cada avanço, enfrentamos novos desafios e descobrimos novas oportunidades. A chave para navegar por este novo mundo não será resistir à mudança, mas abraçá-la — adaptando nossas estruturas sociais, legais e econômicas para aproveitar o poder da IA enquanto gerenciamos seus riscos. Ao fazer isso, podemos garantir que a era da inteligência artificial será lembrada não apenas como uma época de grande inovação, mas como um período de progresso profundo e significativo para toda a humanidade.

Histórias de Pioneirismo Tecnológico: Indivíduos na Vanguarda da Era Ciborgue

À medida que entramos na era ciborgue, a linha entre o humano e o tecnológico não apenas se desfoca, mas se funde de maneiras que desafiam nossa compreensão tradicional de identidade, capacidade e até mesmo de consciência. Este capítulo celebra os pioneiros que não apenas adotaram essa nova realidade, mas também a moldaram, forjando caminhos onde antes havia apenas incerteza. Estas são as histórias de indivíduos que estão redefinindo o possível, ultrapassando os limites da biologia com suas inovações e visão.

1. Elon Musk: Integrando Inteligência Humana e Artificial

Elon Musk, o empreendedor visionário por trás de empresas como Tesla e SpaceX, também lidera a Neuralink, uma empresa que busca integrar a inteligência humana com a inteligência artificial por meio de interfaces cérebro-computador avançadas. O objetivo da Neuralink é criar dispositivos implantáveis que possam ajudar a tratar doenças neurológicas e, eventualmente, permitir uma simbiose entre o cérebro humano e a IA. Musk prevê um futuro onde humanos possam coexistir com inteligências artificiais avançadas, não como seres inferiores, mas como iguais.

2. Ray Kurzweil: O Futurista Definitivo

Ray Kurzweil, diretor de engenharia do Google e um renomado futurista, tem sido um porta-voz da era ciborgue através de suas previsões sobre a singularidade tecnológica — um ponto no futuro onde o progresso tecnológico será tão rápido que a vida humana será irreversivelmente transformada. Kurzweil não apenas prevê essas mudanças, como também é um pioneiro na criação de tecnologias que as possibilitam, trabalhando em maneiras de expandir as capacidades humanas através da biotecnologia e da nanotecnologia.

3. Dr. Hugh Herr: Superando Limites com Próteses Biônicas

Dr. Hugh Herr lidera o Grupo de Biomecatrônica no MIT Media Lab, onde seu trabalho em próteses biônicas está mudando vidas. Herr, que perdeu ambas as pernas em um acidente de escalada, desenhou suas próprias pernas biônicas que não apenas imitam, mas muitas vezes superam a funcionalidade das pernas biológicas. Seu trabalho não só oferece nova esperança e mobilidade para amputados, mas também desafia as noções preconcebidas de incapacidade e capacidade física.

4. Patricia Churchland: Filosofando a Mente Ciborgue

Patricia Churchland é uma neurofilósofa que explora as implicações filosóficas da neurociência e da inteligência artificial. Seu trabalho aborda questões profundas sobre a consciência e a identidade pessoal na era das IAs e da integração cérebro-máquina. Churchland defende que a compreensão emergente do cérebro como uma máquina bioquímica desafia nossas ideias tradicionais sobre a alma e o livre arbítrio, provocando um diálogo crucial sobre o que realmente significa ser humano na era ciborgue.

5. Manuela Veloso: Pioneira em Robótica Cooperativa

Manuela Veloso, professora na Universidade Carnegie Mellon e especialista em IA e robótica, lidera pesquisas em robôs autônomos que podem coexistir e cooperar com humanos em ambientes cotidianos. Seu trabalho em robótica cooperativa sugere um futuro onde humanos e máquinas trabalhem lado a lado, cada um complementando as capacidades do outro para alcançar objetivos que nenhum dos dois poderia realizar sozinho.

Esses pioneiros, entre muitos outros, não estão apenas assistindo à evolução da era ciborgue; eles estão ativamente moldando-a. Suas histórias são testamentos da resiliência humana e da nossa capacidade de inovar. À medida que continuamos a explorar e expandir os limites do que significa ser humano, lembramos que a era ciborgue não é apenas sobre tecnologia, mas sobre a redefinição da vida humana, potencializando não apenas nossos corpos, mas também nossas mentes e, talvez, nossas almas. Estes pioneiros nos mostram que, ao abraçarmos plenamente a sinergia entre humano e máquina, podemos abrir novos horizontes que antes pareciam apenas sonhos distantes.

Um Apelo à Ação: Domine a Tecnologia para Moldar Seu Futuro

Estamos navegando através de uma revolução tecnológica que redefine todos os aspectos de nossas vidas. A inteligência artificial (IA) e a automação estão no epicentro dessa transformação, prometendo não apenas inovação, mas também uma reconfiguração radical do mercado de trabalho global. Estimativas sugerem que milhões de empregos tradicionais podem ser perdidos para a automação nos próximos anos. Este não é um momento para recuar, mas sim para se engajar ativamente, para ser o disruptor, não o disruptado. Este é um apelo para você assumir o controle, ser o criador, o inovador, aquele que molda a tecnologia e não apenas a testemunha.

Seja o Empreendedor, Não o Empregado

Neste cenário de rápida evolução, a diferença entre os que lideram e os que seguem está na disposição para inovar e arriscar. Encorajo você a adotar a mentalidade do empreendedor. Veja a IA não como uma ameaça, mas como uma ferramenta vasta e rica em possibilidades. Use-a para criar novos produtos, serviços e soluções. Seja o arquiteto de novas empresas e indústrias que ainda não existem. Em vez de temer a substituição, posicione-se como o líder que utiliza a IA para criar eficiência e prosperidade.

Capacite-se com Conhecimento e Habilidades

O poder de dominar esta nova era não vem apenas da vontade; vem de estar equipado com as habilidades certas. Invista em aprender tecnologia, programação, análise de dados e tudo que pode capacitá-lo a entender e utilizar IA. A educação é mais acessível do que nunca, com inúmeros recursos online disponíveis. Plataformas como Coursera, Udacity e Khan Academy oferecem cursos que podem transformar você de um espectador passivo em um participante ativo na revolução digital.

Engaje-se na Criação de Soluções Sustentáveis

Com grande poder vem grande responsabilidade. Use a IA para abordar não apenas as necessidades de mercado, mas também os desafios globais. Seja parte da solução para problemas como mudanças climáticas, saúde global e desigualdade econômica. Crie projetos e empresas que não apenas prosperem economicamente, mas que também contribuam positivamente para a sociedade e o meio ambiente.

Construa Redes de Impacto

Você não está nessa jornada sozinho. A inovação raramente ocorre no vácuo. Construa redes com outros pensadores e criadores que compartilham sua visão. Junte-se a fóruns, participe de hackathons, colabore com startups e engaje-se em comunidades tecnológicas. Juntos, vocês têm o poder de moldar o futuro da tecnologia de maneiras que um indivíduo sozinho nunca poderia.

Não espere até que as oportunidades sejam perdidas ou até que a tecnologia o ultrapasse. Agora é o momento de agir. Seja o líder que irá projetar o futuro, não o que será projetado por ele. Este é um chamado para você se levantar, engajar e reivindicar um lugar na vanguarda da inovação tecnológica. Enfrente o futuro com coragem, curiosidade e uma determinação inabalável de prosperar. Seja o empreendedor, o inovador, o visionário. Disrupte, crie e prospere. O futuro está em suas mãos. Moldá-lo é uma escolha—faça a escolha de liderar.

Forjando o Amanhã na Forja da Inovação

À medida que nos aproximamos do final desta jornada épica através do universo em expansão da inteligência artificial, é imperativo refletir sobre as imensas possibilidades que se desdobram diante de nós. Este livro não foi apenas uma exploração das tecnologias que moldarão nosso futuro; foi um chamado à ação, uma convocação para que cada um de nós se torne um participante ativo na redefinição do mundo.

Uma Nova Alvorada da Humanidade

Estamos na aurora de uma nova era, uma era onde as fronteiras entre o humano e o tecnológico se tornam cada vez mais difusas. A inteligência artificial, em sua essência, é uma extensão de nossas próprias capacidades intelectuais, emocionais e sociais. Ela oferece um espelho onde podemos ver não apenas quem somos, mas quem poderíamos ser. Com cada algoritmo e cada linha de código, estamos reescrevendo o código da própria vida, embarcando em uma aventura que redefine os limites do possível.

O Poder da Co-criação

Ao longo deste livro, vimos que a IA não é uma força distante e impessoal, mas um parceiro que podemos moldar e que, por sua vez, pode nos moldar. Cada um de nós tem a oportunidade, talvez até a obrigação, de co-criar nosso futuro com as ferramentas que a tecnologia nos oferece. Isso significa engajar-se não com medo ou apreensão, mas com esperança e determinação, para garantir que as tecnologias que desenvolvemos sirvam a um propósito nobre e enriqueçam a tapeçaria da experiência humana.

Desafios e Responsabilidades

Não devemos, contudo, fechar os olhos para os desafios que a IA apresenta. As questões de privacidade, ética e desigualdade que acompanham os avanços tecnológicos são reais e exigem nossa atenção e ação diligentes. A responsabilidade de usar a IA de maneira justa e ética recai sobre todos nós, criadores e consumidores. Devemos guiar a tecnologia com uma mão firme e um coração consciente, garantindo que nossas invenções promovam inclusão e justiça.

A Promessa de um Futuro Brilhante

À medida que avançamos, carregamos a promessa de um futuro brilhante, um mundo onde a IA ajuda a curar doenças, mitigar crises ambientais, educar nossos filhos e aproximar culturas. As possibilidades são tão vastas quanto nossa imaginação e tão profundas quanto nossa vontade de perseguí-las.

Este livro é, acima de tudo, um convite para você participar ativamente dessa realidade emergente. Que cada página lida e cada ideia compartilhada inspire não apenas pensamento, mas ação. Que você possa sair não apenas informado, mas transformado, pronto para assumir o papel de inovador e líder na sociedade que virá.

O Legado da Nossa Geração

O legado desta geração será definido pelo que fazemos com as ferramentas que temos em mãos hoje. Portanto, deixemos que nossa marca na história seja a de visionários e construtores, sonhadores e realizadores. Pois, ao abraçarmos a IA, não estamos apenas aceitando uma nova era de máquinas; estamos inaugurando uma nova era da humanidade.

Assim, avancemos com audácia e criatividade. O futuro não é algo que devemos prever, mas algo que devemos criar. Façamos da jornada com a IA uma jornada de descoberta, crescimento e, acima de tudo, de esperança.

www.ingramcontent.com/pod-product-compliance
Lightning Source LLC
Chambersburg PA
CBHW070416230526
45471CB00006B/2827